INTRODUCTION DE LA RÉFORME

DE LA CONGRÉGATION DE SAINT-MAUR

DANS

L'ABBAYE DE FÉCAMP.

—

CONCORDAT PASSÉ A CE SUJET

ENTRE LES RELIGIEUX

ET HENRY DE BOURBON,

MARQUIS DE VERNEUIL,

LEUR ABBÉ.

— Extrait d'un manuscrit communiqué. —

PUBLIÉ POUR LA PREMIÈRE FOIS,

PAR ANDRÉ POTTIER,

Conservateur de la Bibliothèque de Rouen.

ROUEN,

E. LE GRAND, ÉDITEUR,

RUE GANTERIE, 26.

—

1839.

PUBLICATION
DE LA REVUE DE ROUEN
ET DE LA NORMANDIE.

IMPRIMÉ CHEZ NICÉTAS PERIAUX,

RUE DE LA VICOMTÉ, 55.

CONCORDAT

DE M. DE VERNEUIL

AVEC LES RELIGIEUX

DE L'ABBAYE DE FÉCAMP,

En 1649.

Pardevant les notaires, gardes-notes du Roy nostre Sire au Chastelet de Paris, soussignez, furent présents en leur personne : Très haut et très puissant prince monseigneur Henry de Bourbon[1], évesque de Mets, prince du Saint-Empire, marquis de Verneuil, comte de Beaugency et abbé commendataire des abbayes de la Très-Ste-Trinité de Fécamp, dioceze de Rouen, dépendante immédiatement du Saint-Siege, St-Germain-des Prez-lez-Paris, Thiron, dioceze de Chartres, toutes trois de l'ordre de St-Benoist, et autres abbayes, demeurant en son chasteau abbatial dudit St-Germain d'une part : et les Révérends-Pères Doms Benoist Brachet religieux dudit ordre de Saint-Benoist et assistant du très Révérend-Père supérieur général de la congrégation de Saint-Maur[2] en France, et

Laumer Le Grand, religieux prestre et profès desdits ordre et congrégation, et procureur de l'abbaye de Saint-Denis en France, résidants de présent en laditte abbaye de St-Germain-des-Prez ; au nom et comme eux disants avoir charge et faisans et portans fort dudit Révérend-Père supérieur général de laditte congrégation, par lequel ils ont promis faire ratifier ces présentes, ensemble par le Chapitre général d'icelle congrégation, et d'en fournir acte en bonnes formes, sçavoir : dudit Révérend-Père supérieur général d'aujourd'huy en quinzaine, et celle dudit Chapitre général, un mois après la célébration d'iceluy, d'autre part.

Lesquelles parties, et spécialement mondit seigneur auroit dit que depuis le temps qu'il est pourvu de laditte abbaye de Fécamp, il auroit cherché toutes les voies possibles pour rétablir en icelle la discipline régulière et monastique, laquelle par succession de temps et les malheurs des guerres y est beaucoup déchue, quoyqu'elle fut autrefois une des plus célèbres abbayes du royaume ; et désirant contribuer autant qu'il peut à son rétablissement, et même ayant égard aux très humbles prières qui luy auroient été faites par la pluspart des religieux de laditte abbaye ; auroit estimé que le moyen le plus efficace pour y parvenir et y maintenir en bon état l'observance régulière, suivant son premier institut, estoit de l'unir et agréger à laditte congrégation de Saint-Maur, comme il a déja fait sesdittes abbayes de St-Germain-des-Prez et de Thiron, et la mettre sous la conduite des Chapitres généraux supérieurs et visiteurs élus en iceux, et pour cet effet auroit fait connoître ses intentions aux supérieurs de laditte congrégation, lesquels se sentant obligez de seconder ses pieux desseins et de contribuer de tout leur possible à la réformation des monastères de l'ordre de Saint-Benoist, suivant l'intention du Saint-Siége et du Roy, après avoir plusieurs fois concerté, tant avec mondit seigneur que messieurs de son conseil, des moyens de rétablir la discipline régulière dans laditte abbaye, ont convenu et accordé ce qui suit :

Premièrement mondit seigneur a consenty et par ces présentes consent, tant pour luy que pour ses successeurs, que laditte abbaye de Fécamp avec ses membres et dépendances, soit unie et incorporée, cy après comme dès à présent, à laditte congrégation de Saint Maur, sans

diminution toutefois ou changement à la dignité abbatiale de ladilte abbaye ny des droits qui en dépendent, lesquels demeureront en leur entier, tant en ce qui concerne et regarde la nomination du Roy que pour
les droits et prérogatives, présentations et collations de bénéfices appar-
tenant à mondit seigneur abbé et ses successeurs, fors et excepté les
offices claustraux et réguliers tant en titres et sans titres, lesquels, suivant les bulles de nos Saints-Pères les papes Grégoire quinze et Urbain
huitième, et conformément aux priviléges de ladilte congrégation, sont
unis dès à présent en faveur de la mense conventuelle[3] de ladilte abbaye
et demeureront cy après éteints et incorporez à ladilte mense conventuelle,
comme pareillement les charges de maistre d'enfans de chœur, basse-
contre, secrétaire du couvent, clercs de l'église, du cloistre, du thrésor,
du cellérier, de l'autelier, organiste, apotiquaire, barbier, portier, premier, second, tiers cuisiniers ; seront aussy unis à ladilte mense conventuelle par le décéds de ceux qui en sont à présent pourvus, si ce n'est
qu'ils s'en accommodent dès à présent avec eux à l'amiable, en telle sorte
que mondit seigneur n'en puisse être inquiété ; jouiront néanmoins Messieurs les anciens, leur vie durante, des offices qui leur appartiennent,
en acquittant les charges dont lesdits offices peuvent être tenus ; mais
arrivant vacation desdits offices claustraux et réguliers par quelque sorte
de vacance que ce puisse estre, ils demeureront comme dit est, unis et
incorporez à la mense conventuelle desdits pères, en acquittant pareillement les charges desdits offices.

Toutes les places monachales qui viendront cy après à vaquer par mort
ou en toute autre façon que ce puisse estre, tourneront au profit desdits
pères et seront supprimées au profit de la mense conventuelle ; renonçant,
pour cet effet, mondit seigneur, tant pour luy que pour ses successeurs, au
droit de nommer aux places monachales de ladilte abbaye, en telle sorte
néantmoins que si [pourtant] lesdits pères, lorsqu'elles viendront à
vaquer, seront obligez de les remplir et même les augmenter jusqu'au
nombre de cinquante, quand il n'y aura plus d'anciens religieux ; et mesme
mondit seigneur a par ces présentes accordé auxdits pères la cotte morte[4]
desdits sieurs anciens religieux, pour ce qui en proviendra de liquide
estre employé en livres ou ornemens de l'église.

Tous les novices seront dorénavant reçus à l'habit et profession par lesdits pères suivant leur règle et statuts; et à l'égard de ceux qui sont à présent dans laditte abbaye, ils seront envoyez aux études dans l'abbaye de Thiron ou autres de laditte congrégation, pour y estre élevez à la vertu et aux lettres; où ils seront nourris aux despens desdits pères, et, leurs estudes finies, pourront entrer au noviciat pour y faire profession s'ils en sont jugez capables; et en cas qu'ils ne pussent ou voulussent faire profession dans laditte congrégation, leur sera payé à chacun d'eux la somme de deux cents livres tournois par chacun an, et lorsqu'ils auront atteint l'âge de vingt deux ans, leur sera payé trois cents livres par forme de pension viagère qui leur sera continuée tant et si long-temps qu'ils seront dans l'estat ecclésiastique et non autrement.

Le prieur desdits pères et ses successeurs demeureront vicaires de mondit seigneur et de ses successeurs, et auront l'entière disposition de la juridiction spirituelle de l'exemption [5] de laditte abbaye et de ses dépendances; même après le déceds de l'official [6], pénitencier [7] et autres officiers de cour d'Église [8], pourront nommer lesdits pères tels de leurs religieux qu'ils jugeront capables de faire les fonctions de l'officialité, penitencerie, et autres; comme aussy de prêcher les Avents, Carêmes et autres jours accoutumez; et pour ce, seront obligez lesdits prieurs qui seront envoyez en laditte abbaye de Fécamp, de prendre vicariat de mondit seigneur et de ses successeurs, qu'ils leur donneront, sans, néantmoins, que par ledit vicariat ils puissent s'ingérer de nommer ny conférer aucun bénéfice, s'ils n'en ont pouvoir particulier de mondit seigneur, ou ses successeurs, auxquels, comme dit est, appartiendra la disposition des bénéfices, fors des offices claustraux et des autres bénéfices cy après nommez.

Lesdits sieurs anciens religieux de laditte abbaye vivront cy après dans leur particulier, sous la conduite de celuy d'entre eux dont ils feront choix et élection, sans que lesdits pères puissent prendre aucune juridiction sur eux, ny respectivement lesdits sieurs anciens sur lesdits pères, lesquels sieurs anciens ne pourront être contraints d'entrer dans la réforme, ny obligez à une vie plus étroite que celle qu'ils ont professée; acquitteront lesdits pères les messes et offices, si aucun y a d'obligation, et feront le service divin suivant leurs usages et cérémonies, auquel lesdits sieurs religieux anciens tiendront les premières places, et autres feront l'office solennellement, auquel cas ils tiendront les places ainsy qu'il est porté dans le cérémonial monastique.

Tous les lieux qui servent à la communauté demeureront auxdits pères sçavoir : l'église, cloistre , parloirs . dortoir, grand et petit réfectoire, cuisine, bibliothèque. infirmerie, greniers, celliers, caves . buchers, jardins ; et tous les autres lieux qui sont de présent occupez par lesdits sieurs anciens religieux . soit en particulier, soit en commun, retourneront auxdits pères après leur déceds ; et même mondit seigneur leur accorde, tant pour luy que pour ses successeurs, l'usage de son logis abbatial , grand jardin et colombier, pour en jouir par lesdits pères, à condition néantmoins de les bien entretenir de réparations et de les laisser vides toutes fois et quantes que mondit seigneur et ses successeurs iront demeurer en laditte abbaye.

Lesdits pères auront la direction entière de la sacristie de laditte abbaye, et, à cet effet, leur seront donnez par inventaire tous les meubles, saintes reliques, calices, argenterie, ornements, linges, livres, et toutes autres choses servant à l'usage de laditte église et sacristie, sans pourtant toucher aux droits du sieur sacristain durant sa vie, lequel satisfera aux charges que peut devoir sondit office, s'il ne s'accommode à l'amiable avec lesdits pères.

La garde des chartes de laditte abbaye sera pareillement délaissée auxdits pères, qui seront mises sous trois clefs, dont mondit seigneur en aura une ou la commettra à tel autre de messieurs les anciens ou desdits pères, ou de telle autre personne qui luy plaira, qui demeurera sur les lieux ; la seconde entre les mains de l'officier de laditte abbaye, et la troisième entre les mains desdits pères.

Et à l'égard de la musique 9 l'entière disposition en demeurera auxdits pères de la continuer ou non ; et si est tant qu'ils la discontinuent, seront obligez lesdits pères d'élever et nourrir et entretenir à leurs frais et despends, sans que mondit Seigneur et ses successeurs soient obligez d'y contribuer , quinze petits gentils-hommes en la piété et aux lettres, depuis l'âge de huit à dix ans jusqu'à quinze ou seize, qui seront nommez par mondit seigneur et ses successeurs abbés.

Lesdits pères entreront en jouissance et possession de toutes les espèces, sommes, et autres choses portées et contenues en l'estat des charges. Lequel estat, reconnu desdits seigneur et pères, par devant les notaires, soussignez, est demeuré annexé à la minute des présentes ou séparément. pour en jouir jusqu'au jour de Saint-Michel mil six cens cinquante deux, qui est le temps qui reste à expirer du bail fait aux sieurs Guenet et Delafosse ; et, ledit bail fini, sont convenus et demeurez d'accord mondit seigneur et lesdits pères, tant pour eux que pour leurs successeurs, de convertir lesdittes espèces qui doivent revenir au profit desdits pères, en fonds et héritages ; lesquelles espèces ils ont evalué et trouvé se monter, par la supputation qui en a été faite, à la somme de quarante mille cinq cents cinquante livres, pour et au lieu de la quelle somme mondit seigneur a dès à présent cédé, quitté et delaissé, quitte, cède et délaisse auxdits pères, les terres, seigneuries et baronneries d'Heudebouville [10], Fontaine-le-Bourg [11], Saint-Gervais-lez-Rouen [12], du Jardin sur Dieppe [13], Argences avec la seigneurie de Questehou [14], Hennequeville [15], Aisyères [16], avec tous les lieux, appartenances, circonstances et dépendances, tant en rentes, terres labourables, prairies, bois, vignes [17]. dixmes, rivières, moulins, pêcheries, prévotés, halles, tabellionnages, geaulgeages, et autres droits généralement quelconques auxdittes baronneries appartenants ; et en outre les clos de Hardan (près Vernon), dixmes de vin des paroisses de Vaulvray [18], de Menille [19], d'Heudebouville (diocèse d'Évreux et de Rouen), avec les dixmes de bled de la paroisse de Saint-Léonard [20], dépendantes de la baronnerie de Fécamp, la pêche des rivières dudit Fécamp, et celle de Paluel [21] dépendant de la baronnerie de Vittefleur [22], et même la faculté de faire moudre leurs bleds en farine aux moulins de laditte baronnerie de Fécamp, sans pour ce être obligez de rien payer aux meuniers ny autres, pour la mouture dudit bled : pour commencer la jouissance des fruits, profits et revenus desdittes seigneuries et autres choses cydessus declarées, sçavoir : pour les terres labourables, prairies et domaine non fieffé, au jour de Saint-Michel mil six cent cinquante et un, et pour les moulins, bois, dixmes, rentes seigneuriales et tous autres droits fieffez, au jour de Saint-Jean-Baptiste mil six cent cinquante deux.

De toutes lesquelles choses cydessus délaissées lesdits pères auront la pleine, libre et entière disposition et jouissance, tout ainsy que l'avoit et en jouissoit mondit seigneur et ses prédécesseurs abbés, ou la pourroient avoir; sans en rien excepter, réserver, ny retenir, non pas même les droits féodaux, censuels, présentations des cures, provisions d'offices, et autres droits honorifiques, si non la collation [23] des cures situées et assises dans lesdittes baronneries qui sont de l'exemption de laditte abbaye; lesquelles cures mondit seigneur et ses successeurs conféreront sur la présentation qui leur sera faite par le Chapitre des religieux de laditte abbaye; se réservant particulièrement mondit seigneur pour luy et sesdits successeurs, la disposition de la cure de Friel [24] et toutes autres qui ne sont de l'étendue des baronneries délaissées auxdits pères par le présent concordat. Et moyennant lesdittes remises et délaissements que mondit seigneur fait desdittes terres, seigneuries et dépendances, lesdits pères seront tenus et obligez d'acquitter mondit seigneur et ses successeurs abbés de toutes les charges contenues et portées au susdit estat, en sorte qu'il n'en puisse cy après estre troublé et inquieté, soit par lesdits sieurs anciens religieux, auxquels ils payeront leurs portions en la manière qu'ils en conviendront par ensemble, soit par les autres officiers y denommez, à la reserve toutefois des pensions, gages, droits et appointements qui peuvent appartenir au capitaine de la forteresse [25], au lieutenant, au sénéchal dudit Fécamp, à l'avocat de seigneurie dudit lieu, au portier de la forteresse, au portier de la geôle pour le louage de sa maison, et fournir de la chandelle au concierge du logis abbatial, au geôlier des prisons de laditte abbaye, au bailly de Caux, au procureur du Roy dudit lieu, au procureur de laditte abbaye à Caudebec, au maistre des bois, aux sergents desdits bois, au sergent vicontal, au voiturier de Fécamp, à monseigneur le duc de Longueville, à M. l'abbé de St-Georges [26], au chapelain d'Haugerville [27], au prieur de l'hospital, au curé de Toussaints [28], au curé de la Trinité-du-Mont [29], au curé d'Épreville [30], au curé de St-Etienne de Fécamp [31], au curé de St-Léger dudit lieu, au curé de St-Nicolas dudit lieu, au curé de St-Benoist dudit lieu, au curé de St-Fromond dudit lieu, au curé de St-Ouen dudit lieu, au curé de St-Thomas dudit lieu, au curé de Ste-Croix dudit lieu, au curé de Bordeaux [32], au curé d'Étretat [33], au curé de St-Pierre-du-Port [34], à mondit seigneur de Longueville cinq milliers de harangs sors à cause de son duché d'Estouteville, et les quarante huit muids de froment que mondit seigneur l'abbé donne aux pauvres le jour de Toussaints, Noël, Jeudy Saint, Pasque et Pentecoste.

Et en considération que mondit seigneur laisse les gages et appointements qu'il donne à ses grand-vicaire, official, pénitencier et autres officiers de leur église, même ceux de vitrier, plombier, et couvreur, lorsqu'ils viendront à décéder. lesdits pères se sont obligez, lorsqu'ils en seront en jouissance, de les employer à l'entretien des ornements et linge de l'église, et en réparations des lieux réguliers et autres qu'ils occuperont, lesquels ils entretiendront de toutes menues réparations, et aux grosses qui n'excèderont la somme de trois mille livres tournois, quand elles viendront à arriver; et lorsqu'elles excèderont laditte somme, mondit seigneur et ses successeurs demeureront obligez à l'entretien d'icelles, comme aussy au payement des deniers tant ordinaires qu'extraordinaires dont est ou pourroit être cy après chargée laditte abbaye; à la réserve, toutefois, de celles dont la mense conventuelle ou les officiers claustraux sont ou pourroient être cy après chargez, lesquelles lesdits pères seront obligez de payer, comme pareillement les taxes extraordinaires qui pourroient être imposées tant sur laditte mense conventuelle que sur lesdits offices claustraux, et consentir pour l'homologation du présent concordat partout où besoin sera, mondit seigneur et lesdits Révérends Pères Doms Benoist Brachet et Laumer Le Grand, audit nom, ont fait et constitué leur procureur irrévocable le porteur des présentes. auquel ils ont donné et donnent tout pouvoir et puissance de ce faire et tout ce qu'au cas appartiendra, sera requis et nécessaire. Car ainsy le tout a esté exprès convenu, stipulé et accordé entre mondit Seigneur et lesdits Révérends Pères, audit nom, promettant et obligeant chacun endroit soy, lesdits Révérends Pères, audit nom, renonçants. Fait et passé à Paris audit château abbatial dudit St-Germain-des-Prez-lez-Paris, l'an mil six cents quarante-neuf, le trentième et pénultième jour de juillet après midy, et a mondit Seigneur signé avec lesdits Révérends Pères et notaires; ainsi signé: Henry Ev. de Mets, Ab. de Fécamp, F. Benoist Brachet, F. Laumer Le Grand, avec Langlois et Lemoine, notaires, avec paraphes.

Ensuit la teneur dudit Estat.

Estat des charges, frais, mises et despenses, tant en aliments, nourritures et entreténements desdits religieux, enfants de chœur et officiers, familiers, pensionnaires et domestiques de l'abbaye de Fécamp, et autres personnes dénommées au présent estat et feuille, qu'en gages, pensions, aumônes et autres redevances tant accoutumées et de tout temps baillées, qu'aux y dénommez, dont le fermier et receveur général dudit Fécamp sera tenu bien et duement acquitter et décharger mondit seigneur l'abbé dudit Fécamp.

En premier lieu, sera baillé et distribué, de jour en jour, continuellement, par chacun an, auxdits prêtres de laditte abbaye, jusqu'au nombre de quarante-deux, tant prêtres que novices, c'est à sçavoir :

Aux prêtres, depuis Pasque jusqu'à la Sainte-Croix en septembre, à chacun un grand pain blanc de fleur de farine, de même blancheur et bonté qu'il a été livré par cydevant, du poids de vingt-huit onces, cuit; et un petit blanc, de quatorze onces; et aux novices deux petits pains de vingt-huit onces les deux; et depuis ledit jour de Sainte-Croix jusqu'à Pasque, à chacun desdits prêtres, par jour, un grand pain blanc, du poids de vingt-huit onces et un petit pain de neuf à dix onces, cuit; aux novices deux petits pains blancs, l'un de quatorze onces et l'autre de neuf à dix onces, cuits, excepté le dimanche, qu'ils auront autant de pain dudit poids qu'ils ont depuis Pasque jusqu'à la Sainte-Croix.

Au grand-prieur sera livré et distribué, par jour, autant de pain qu'à trois autres prêtres.

Au cellérier, grènetier, pannetier, réfectorier, pour deux religieux prêtres.

Au chantre, le double d'un religieux prêtre, aux festes de chappes et autres jours qu'il est accoutumé avoir double; tous lesquels doubles du chantre se montent au nombre de sept vingt dix pains blancs.

Au vicaire, official, frère lay[35] et maître d'école des novices, autant de pain, et à chacun d'eux, comme à un prêtre.

Au capitaine dudit lieu de Fécamp, autant de pain comme à deux autres prêtres.

Au lieutenant dudit capitaine, autant de pain qu'à un autre religieux prêtre.

Au croniquier, curé de la Madeleine[36], maistre d'école des enfants de chœur, secrétaire du couvent, pénitencier, à chacun, par jour, un grand pain blanc, du poids de vingt-huit onces, cuit.

Aux novices, pour le déjeûner, deux pains blancs par jour ; et au Dimanche, Lundy et Mardy Gras, et le dimanche des Rameaux, quatre grands pains audit déjeûner des novices.

Au réfectoire, devant les deux présidents, deux pains blancs au dîner, et deux petits à souper, depuis Pasque jusqu'à la Sainte-Croix en septembre ; et depuis ledit jour de Sainte-Croix en septembre jusqu'à Pasque, deux grands pains seulement à dîner, excepté les dimanches et le jour de Noël, qu'ils en auront deux grands et deux petits.

Aux enfants de chœur, trois grands pains blancs dudit poids, par jour.

Au prieur de Notre-Dame [37], un grand pain et un petit pain, par chacun jour.

Aux serviteurs dudit couvent, et cuisiniers, un grand pain blanc appelé le pain de la mitte [38], et du pain pour les saulces, quand et autant qu'il en échet de coutume, lequel pain pour les saulces sera baillé et délivré lesdits jours dessusdits, par le cellérier et cuisinier, selon qu'il est accoutumé.

Item pour les religieux qui, quelquefois, boivent une fois le matin, deux grands pains blancs par chacun jour, ainsi qu'il est accoutumé de tous les temps ; et pour les chantres de musique qui se trouvent et assistent au service les jours de la Dédicace, Trinité, et Saint-Jean-Baptiste et autres jours accoutumés, quatre portions d'un religieux prêtre à chacun desdits jours.

Au jardinier, chroniquier, clercs de l'église, du cloître, du cellier, organiste, concierge de l'hôtel de Monseigneur, apotiquaire, geôlier, barbier, portier et trois cuisiniers, à sçavoir : premier, second, tiers, chacun par jour, deux grands pains bisets, du poids de vingt-huit onces, cuits.

Aux sonneurs du carillon, tous les jours qu'ils sonnent, quatre pains bisets, dudit poids.

A ceux qui portent les bannières et étendarts auxdits jours des processions, à chacun deux pains bisets, par jour, et à chacun jour desdittes processions.

A ceux qui sonnent une cloche pendant le carême, appelée la Baluze [39], chacun jour qu'elle sonne, quatre pains bisets.

A ceux qui curent la Voûte [40], quatre douzaines de pains bisets, une fois l'an.

A ceux qui portent le buis, le jour des Rameaux, deux pains, tels que par cydevant ont esté baillez.

Aux enfants de chœur, six pains bisets, par jour, dudit poids.

Aux sonneurs, le jour de Toussaints, Noël, Jeudy Saint, Pasque et Pentecoste, le pain de quarante-huit mines de froment.

A ceux qui font le cierge bénit, deux grands pains blancs.

Item pour faire monter le cierge bénit, deux grands pains blancs.

Au cirier de l'église, ez sept fêtes de Pasque, Pentecoste, Saint-Jean-Baptiste, l'Assomption de Notre-Dame, Saint-Michel, Toussaints et Noël, pour chacun desdits jours, deux grands pains blancs.

A celuy qui fait l'agneau le jour de Saint-Jean-Baptiste, quatre grands pains blancs. Les doubles de pain des prieur, cellérier, grènetier, pannetier, réfectorier, se payent en tout temps de même sorte et autant, depuis la Sainte-Croix jusqu'à Pasque, et depuis Pasque jusqu'à la Sainte-Croix.

Au jardinier, pour la bénédiction des pommes, au jour de Saint-Jacques en juillet, deux grands pains blancs.

Au jour des processions, comme au jour de Saint-Marc, au curé de Saint-Léonard, un grand pain blanc ; le lundy des Rogations, au curé de Saint-Benoist, un grand pain ; le mardy au prieur de Nostre-Dame, deux grands pains ; le mercredy, au curé de Sainte-Croix, un grand pain ; et le jeudy de l'Ascension, au curé de Saint-Vallery, un grand pain. Aux curés des dix paroisses de Fécamp, au prieur de l'hospital, et curé de la Madeleine, ez jours des Rameaux et de l'Ascension, à chacun un grand pain blanc.

A celuy qui baille les verges blanches pour lesdites processions, à chacun jour desdittes processions, un grand pain et deux blancs.

Item, quand le sous-prieur, tiers ou quart, mènent les religieux en récréation, un double pain.

Aux jours de jeudy, vendredy et samedy de la Semaine Sainte, pour chacun desdits jours, treize grands pains blancs, pour les pauvres auxquels on lave les pieds.

Au maire et échevins de la confrairie de la Trinité, le jour de l'Ascension, six grands pains blancs.

Aux prédicateurs, le jour qu'ils arriveront en laditte abbaye, autant de jours qu'ils y seront arrêtez par le supérieur, autant de pain et portion de viande qu'à un religieux prêtre.

Aux parents desdits religieux allant en laditte abbaye, à sçavoir : aux pères, mères, frères et sœurs, sera distribué portion d'un autre prêtre, trois fois l'an, tant en pain que vin et viande.

Aux religieux mentionnez par obédience, aux prieurs dépendants de laditte abbaye, y allant, sera distribué autant de portions qu'ils y seront arrêtez par le supérieur.

Aux religieux de l'ordre de Saint-Benoist allant visiter laditte abbaye, sera distribué portion.

Sera aussi distribué pain et vin aux prieurs et seigneurs, présidents, conseillers du Conseil souverain de laditte abbaye, et selon leurs qualitez.

Item, aux bateliers allant audit lieu, en la fête de Saint-Martin d'esté, sera distribué, par chacun ménage, une portion de religieux prêtre, tant en pain que vin et viande, avec le foin et avoine pour leurs chevaux, et selon qu'il est accoutumé.

Pour faire le gâteau des Roys, sera délivré le nombre de trois mines [41] de bled froment. Au Jeudy Absolu [42], bailler les séminaux [43], comme il est accoutumé.

Le jour du Vendredy Saint, un pain biset à chaque religieux, ainsi qu'il est accoutumé.

Le bled qui convient à faire le pain susdit sera acheté, par chacun samedy, à la halle du marché, et du meilleur de la halle ; auquel achat de bled sera appelé le grènetier, ou en l'absence d'iceluy, un religieux par luy commis, comme de tout temps est accoutumé en laditte abbaye. Sera pareillement ledit grènetier ou son commis appelé à voir acheter le bled froment qui convient à faire le pain des données générales dessus mentionnées ; et est entendu que, pour le regard du pain qu'il convient pour la nourriture desdits sieurs religieux, enfants de chœurs, pensionnaires, serviteurs et autres, sera, par semaine, délivré au boulanger le nombre de neuf mines de bled froment, ainsi qu'il est en cet article, sans y comprendre celuy qu'il faut pour lesdites données générales, gâteaux et séminaux.

Item, le boulanger qui sera commis et constitué à faire ledit pain, nommé par les religieux, sera sujet à la tanse [44] du prieur, de messieurs d'ordre, et même à être déposé, s'il arrive qu'il ne fasse pas le devoir qu'il appartient.

Pour le Vin.

Sera baillé, livré et distribué auxdits religieux et officiers, du vin [45] bon et loyal, lequel sera goûté et fait percer par le pannetier, suivant la coutume de la maison, afin qu'il ne soit percé qu'il ne soit prest à boire et bibile.

A chacun des religieux prêtres, par jour, un pot de vin, mesure de Fécamp [46] ; aux novices chacun chopine.

Au grand-prieur trois pots.

Au cellérier et pannetier, à chacun deux pots par jour.

Au prieur de Nostre-Dame, à raison dudit prieuré, pour dire les messes audit lieu, un pot de vin par jour.

Au chantre, les jours que l'on porte chappes et aux jours qu'il est double, deux pots par jour, lesquels doubles de vin, pour ledit chantre, se montent au nombre de cent douze pots.

Le jour de la Dédicace, le jour de la Trinité et Saint-Jean-Baptiste, à chacun desdits jours ; sept pots pour les chantres de Monseigneur.

Pour les pitances du vin du couvent, la vigile et le jour de Pasque et les deux féries suivantes, le dimanche de Quasimodo ; à l'Ascension ; la vigile et le jour de la Pentecoste, les deux féries suivantes, le jour de la Dédicace, le jour de la Trinité, le jour de l'octave de la Trinité, le jour du Saint-Sacrement, Saint-Jean-Baptiste, le jour de Saint-Pierre-Saint-Paul, Saint Benoist en juillet, la Madeléine, la Translation de Saint-Taurin [47], la vigile et le jour de l'Assomption de Nostre-Dame, les Ducs en aoust [48], la Nativité de Nostre-Dame, Sainte-Croix en septembre, Saint-Michel ; la pitance du Mont, la vigile et le jour de la Toussaints, le jour des Morts, Saint-Martin en novembre ; les Ducs audit mois, le premier dimanche de l'Avent, le jour de Saint-André, la Conception de Nostre-Dame, la vigile et le jour de Noël, Saint-Estienne, Saint-Jean l'évangéliste, la Circoncision, le jour des Roys, le jour des Reliques, la Purification de Nostre-Dame, le dimanche de la Septuagésime et de Lætare, les Ducs en mars, Saint-Benoist audit mois, l'Annonciation de Nostre-Dame, Pasques fleuries, le Jeudy Saint, chacun desdits jours pour la pitance outre la portion ordinaire, huit pots de vin et aux autres jours accoutumez.

Aux dix curés dudit Fécamp, au prieur de l'hospital, de la Madeleine, à chacun un pot de vin au jour des Rameaux et de l'Ascension.

Audit jour de l'Ascension, pour les maires et échevins de la confrairie de la Sainte-Trinité, six pots de vin.

Aux dix paroisses de Fécamp, le jour de Pasque, pour administrer les paroissiens, huit pots de vin.

Au curé de Saint-Léonard, pour le jour de Saint-Marc, pour la procession qui va audit lieu, un pot de vin.

Aux curés de Saint-Benoist, Sainte-Croix, Saint-Vallery, les lundy, mercredy et jeudy des Rogations, respectivement un pot de vin par chacun jour, et le mardy desdittes Rogations, deux pots de vin au prieur de Nostre-Dame.

Aux religieux qui disent la litanie les jours des Rogations, à chacun jour deux pots.

A celuy qui baille aux religieux les verges blanches pour porter aux trois processions des trois susdittes Rogations, à chacun desdits trois jours, un pot de vin.

A l'appariteur de la cour d'Église et aux sergents, les jours qu'ils assistent à la procession de l'église, à sçavoir : ez jour de Noël, des Rameaux, de Pasque, Pentecoste, l'Ascension, la Sainte-Trinité, la Dédicace, Saint-Jean-Baptiste, l'Assomption de Nostre-Dame et Toussaints, à chacun desdits jours, un pot de vin.

Au cirier de l'église, ez sept festes de Pasque, Pentecoste, Saint-Jean-Baptiste, l'Assomption de Nostre-Dame, Saint-Michel, la Trinité, la Toussaints, et Noël, chacun desdits jours deux pots de vin.

Aux religieux qui communient quinze fois l'an, à sçavoir : le jour de Noël, deux pots, le Jeudy, Vendredy et Samedy Saints et le jour de Pasque, chacun desdits jours un pot de vin, et lesdits autres jours chacun chopine.

A l'autelier, pour faire l'agneau le jour de Saint-Jean-Baptiste, deux pots de vin.

Item à luy, pour le cierge bénit, douze pots de vin et pour faire mettre le cierge deux pots.

Au jardinier, le jour de Saint-Jacques, pour la bénédiction des pommes, deux pots de vin.

Au croniquier, pour laver les corporaux[49], deux pots de vin.

Pour cuire les poires, le jour de l'O de Monseigneur[50], autant de vin qu'il est accoutumé.

Au jour de Noël, quand il échoit un autre jour qu'un dimanche, un pot de vin auxdits religieux.

Pour le déjeuner des religieux, le Dimanche, Lundy, et Mardy Gras, le dimanche des Rameaux, à chacun desdits jours, deux pots de vin, outre le vin de la recueitte[51] ordinaire.

A ceux qui portent les rameaux du buis et la tour, le dimanche des Rameaux, trois pots de vin.

A celuy qui chante la Passion, le dimanche des Rameaux, deux pots de vin.

A celuy qui chante la Passion, le mardy et mercredy, pour chacun jour, un pot.

Pour laver les autels, le Jeudy Saint, deux pots.

Aux enfants de chœur, le jeudy, vendredy et samedy de la Semaine-Sainte, à chacun un pot de vin.

Pour la veille des Roys, vingt-cinq pots de vin au couvent.

Pour les deux Cènes, le jeudy, cinq pots de vin au couvent; ledit vin desdits Roys et Cènes, sera fait delivrer par le pannetier, en la qualité susditte.

Pour la Cène des lépreux[52], quatre pots; pour l'administrateur desdits lépreux, un pot.

Au boulanger, le jour du Jeudy Saint, pour séminaux, un pot.

Pour le partage de grain quand il y a pitance, un pot de vin; pour faire cuire le poisson des religieux et pour des saulces, sera distribué du vin autant qu'il convient et qu'il sera dit par le cellérier.

Item, à chacune fois que les religieux iront jouer, un pot de vin.

Au refectoire, devant les deux présidents, outre les portions ordinaires, trois chopines de vin devant chacun au diner, et pour le souper un pot, comme il est accoutumé; et ce, pour distribuer aux religieux qui en ont besoin, et le surplus aux pauvres.

Pour le vin des burettes, pour chacun jour, deux pots; et pour le vin de la suite, chopine par jour.

Au vicaire, official et frère lay, chacun un pot par jour.

Au capitaine, deux pots; à son lieutenant, un pot.

Au croniquier pour les notes, au maistre d'école des novices, au maistre des enfants de chœur, au secrétaire du Chapitre, au curé de la Madeleine, à chacun d'eux, deux pots de vin par jour.

Au pénitencier, au concierge, à la portière, au clerc de l'église, à chacun, chopine de vin par chacun jour.

Bière.

Auxdits religieux tant prêtres que novices, à chacun chopine de bière par jour; et aux doubles double.

Au vicaire de Monseigneur, un pot de bière.

A l'official et secrétaire, frère lay, pénitencier, maistre d'école des novices et apotiquaire, chacun chopine de bière par jour.

Au capitaine, un pot de bière; à son lieutenant, une chopine.

A chacun ayant portion de serviteur, un pot de bière par chacun jour.

Aux religieux, à chacun jour qu'ils iront jouer, trois pots et demy de bière par chacun jour.

Aux enfants de chœur, par chacun an, dix-huit barils de bière.

Aux pauvres, le jeudy, vendredy et samedy de la Semaine-Sainte au pied lavé [53], autant qu'il est accoutumé en donner.

Aux tournebroches de la cuisine, tous les jours qu'ils sont au gras, chacun un pot de bière.

Aux sonneurs du carillon, chaque jour qu'ils sonnent, un pot de bière.

Aux sonneurs de la cloche appelée la Baluze, durant le Carême, chacun jour qu'ils sonnent, à chacun desdits sonneurs un pot de bière.

Aux cureurs de la Voûte, la bière accoutumée.

Pour la Viande.

La chair et poisson, pour la portion des religieux et autres ayant portions, sera livrée par les cellérier et cuisinier, lesquels seront jugez de la qualité et quantité due, selon que de tout temps est accoutumé en laditte abbaye.

Le boucher constitué à bailler et fournir laditte chair , fera serment en Chapitre de garder fidelité, vérité ; sera justiciable et taxable par les prieurs et maistre d'ordre , au cas qu'il ne fasse son devoir tel qu'il appartient.

Aux religieux sera baillé et livré, pour leur portion , auxdits jours de manger chair : à chacun desdits religieux prêtres , un solain [54] de bœuf, mouton ou veau, de bonté et estimation raisonnable, comme il est accoutumé ; et à trois des novices deux solains ; au cellérier deux ; au chantre deux , aux jours qu'il est de coutume estre double.

Au grand-prieur, chacun jour, trois solains.

Plus audit prieur, depuis Pasque jusqu'à la Sainte-Croix en septembre, un solain davantage par jour.

Au cellérier un demy; et depuis la Sainte-Croix jusqu'à Pasque, les dimanches que l'on mange chair, un solain. Audit prieur et au cellérier un demy.

Aux six enfants de chœur tous ensemble, deux solains et demy par jour.

Au vicaire, official, maistre d'école des novices , maistre des enfants de chœur , au frère lay , chacun un solain par jour.

Au capitaine, deux solains ; au lieutenant, un solain.

Au jardinier, autelier, croniquier, clerc d'église , du cloistre , du thrésor , au cellérier, organiste et barbier . . . . . apotiquaire, concierge de l'hostel de Monseigneur , le geôlier , le portier, le premier, second et tiers queux , à chacun d'eux une livre de chair telle qu'elle est accoutumée d'être baillée , qui font quatre livres.

Pour les jours que les religieux vont jouer , pour celuy qui les mène si ce n'est le prieur, pour chacune fois un solain ; ou une portion en poisson, si lesdits religieux vont jouer un jour de poisson.

Auxdits religieux, vicaire, official , frère lay , chacun une pitance.

A trois novices , deux pitances.

Au prieur trois pitances; au cellérier deux ; au capitaine deux ; au lieutenant du capitaine une pitance. Et seront lesdittes pitances baillées tant en chair que poisson, selon les jours qu'elles échoiront, en la bonté et estimation accoutumée , ez jours dessous désignez.

La vigile et jour de Pasque , les deux féries ensuivantes, le dimanche de Quasimodo , le jour de l'Ascension , la vigile et le jour de la Pentecoste , la férie ensuivante, le jour de la Dédicace , le jour de la Trinité, l'octave et le jour de Saint-Sacrement, le jour de Saint-Jean-Baptiste, le jour de Saint-Pierre-Saint-Paul, la Madeleine, le jour de Saint-Benoist, la Translation de Saint-Taurin, la veille et le jour de l'Assomption de Nostre-Dame, les Ducs au mois d'août, la Nativité de Nostre-Dame, l'Exaltation de Sainte-Croix, Saint-Michel, la vigile et jour de Toussaints, le jour des Morts, Saint-Martin en novembre, Saint-André, le premier dimanche de l'Avent, la conception de Nostre-Dame, la vigile et jour de Noël, Saint-Étienne, Saint-Jean, la Circoncision, les Roys, la Purification de Nostre-Dame, le dimanche de la Septuagésime, le Dimanche Gras, le premier dimanche de Carême, les Ducs en mars, le dimanche de Lætare, Saint-Benoist, l'annonciation de Nostre-Dame, le dimanche des Rameaux, le Jeudy Saint, et autres jours accoutumez ; outre lesdittes pitances, le chantre est double; les quatres féries de Pasque, la tierce et quarte férie de la Pentecoste et le jour de Lundy et Mardy Gras, sera baillé portion de chair comme ez autres jours.

Le Lundy et Mardy Gras, le receveur ou le boucher baille à souper aux novices.

Au cirier de l'église ez sept festes de Pasque, Pentecoste, Saint-Jean-Baptiste, Assomption de Nostre-Dame, Saint-Michel, Toussaints et Noël, chacun desdits jours, deux solains de chair ou de poisson, selon les jours que échoiront lesdittes festes.

A l'autelier, pour faire l'agneau la veille de Saint-Jean-Baptiste, deux portions de poisson.

Sera baillé pour chacun veau, tant pour larder que pour mettre au pot, trois livres de lard.

Au pénitencier sera baillé deux portions de religieux prêtres.

Sera baillé pour chacun jour de chair, depuis la Sainte-Croix jusqu'à Pasque, un pot de moutarde, et depuis Pasque jusqu'à la Sainte-Croix, ezdits jours, un pot de verjus.

Poisson.

Pour les jours de poisson seront lesdits religieux, officiers, enfants de chœur, vicaire, official, et autres qu'ils sont. . . . . . traitez et livrez èsdits jours comme l'on a coutume jusqu'à présent.

Aussy leur seront fournis œufs, beurre, sel, pois et autres légumes.....
moutarde, verjus et vinaigre, comme il appartient et comme il est
accoutumé.

Auxdits jours de poisson seront baillées trois livres de beurre pour
le potage, par chacun jour.

Quand il y a montre au couvent[55], pour chacune portion, un quarteron
de beurre. Seront baillées saulces, selon le poisson qui sera apporté au
couvent, à sçavoir: blanche, rouge, verte, avec verjus et vinaigre en
certaine quantité.

Sera baillée une livre de beurre à faire les saulces, depuis le jour de
Saint-Jean jusqu'à la Madeleine, ez jours maigres; durant ledit temps,
sera baillé en lait autant qu'il est accoutumé, à sçavoir : huit pots par
jour.

Toute pitance de poisson sera faite, et baillé beurre suffisant pour
la faire.

Sera baillé le sel accoutumé, pour estre distribué comme on fait à présent.

Seront baillées, durant le Carême, noix et figues, comme il est accoutumé, à sçavoir : une douzaine de noix à chacun desdits religieux tant
prêtres que novices, et aux doubles double; et à ceux qui ont portion de
religieux prêtre, une douzaine de noix, à sçavoir : au vicaire, official,
le capitaine, son lieutenant, maistre d'école des novices, le maistre des
enfants de chœur, le religieux lay ; et aux six enfants de chœur, six
douzaines de noix par chacun jour de Carême.

Le Dimanche, Lundy et Mardy Gras, un boisseau de noix pour les
novices.

Pour les figues, durant le Carême, à chacun religieux tant prêtres que
novices et tous autres ayant portion de religieux prêtre, à chacun dimanche de Carême, un quarteron de figues, et aux doubles double, comme
dues; et aux six enfants de chœur, une livre de figues à chacun dimanche.
Plus au couvent, par chacun jour de carême, une livre de figues; aux
serviteurs du couvent demy livre; au prieur, pour chacun jour, demy
livre; au cellérier, pour chacun jour, demy livre; au chantre un quarteron.

Pour les jours ezquels on donne des pois au couvent, par chacun jour
leur sera baillé un boisseau, et aux autres jours demy boisseau.

Le jeudy, vendredy et samedy de la Semaine Sainte, à chacun desdits jours, deux boisseaux de pois, tant pour le couvent que pour les
pauvres.

A chacun des religieux prêtres et officiers ayant portion de religieux prêtre, qui sont les officiers, le capitaine, son lieutenant, maistre d'école des novices, maistre des enfants de chœur, et religieux lay, sera baillé, par chacun jour de Carême, trois harangs sors et aux doubles double; et aux novices deux harangs chacun; et au pénitencier deux, pour le double, double du prieur et cellérier; et à cinq jours la semaine auxquels sont dus cinq harangs sors, pour chacun double et pour chacun desdits jours; à l'autelier le jour qu'il fait monter le cierge benit à la . . . . .[56] sera payé un plat de poisson de la valeur d'un écu, et autant au chantre; pour le prédicateur du Carême pour sa portion, montant pour chacune portion de jour maigre, six œufs par jour; et aux enfants de chœur deux douzaines d'œufs, par jour de Carême; trois harangs blancs, par chacune portion de serviteurs; et auxdits enfants de chœur, quatorze harangs blancs par jour.

Sera baillé en l'Avent auxdits officiers, secrétaire, enfants de chœur et serviteurs, portion de chair, ainsy qu'en un autre temps, comme il est accoutumé.

Si en un même jour échet deux pitances, en sera baillé, le jour qu'elle échoira, une, et l'autre à un certain jour qui sera ordonné par les supérieurs.

Sera payé par chacun an aux religieux prêtres, pour les anciens :

La somme de vingt deux livres, et douze livres d'augmentation; et aux novices treize livres, et douze livres d'augmentation, à eux cydevant accordés par Monseigneur, en trois termes égaux : Saint-Jean, Noël et Pasque.

Aux religieux sera fourny et livré bois pour le chauffage, c'est à sçavoir : pour la cuisine du couvent six vingt buches et vingt cinq fagots, par semaine; revenant à six mille sept cents buches, et treize cents de fagots, par chacun an.

Plus, pour chacune semaine, dix buches pour le regard des pitances; lequel bois, tant buches que fagots, sera distribué au tiers queux, en présence du cellérier et cuisinier, comme il appartient et par le consentement d'iceux.

Pour le feu du dortoir, au retour des matines, après la sainte messe, jusqu'au jour de Pasque : trois cents buches, trois cents de billettes et deux cent soixante fagots; lequel bois, tant buches que fagots, sera livré et distribué au clerc de l'église.

Pour le feu du réfectoire, depuis la Saint-Michel jusqu'à Pasque, deux mille cinq cent soixante buches, et deux cents de billettes et cinq cents fagots ; lequel bois sera livré au réfectorier.

Au barbier du couvent, depuis Pasque jusqu'à la Toussaints, pour faire les couronnes et les barbes des religieux, deux buches et un fagot par semaine.

Pour chacun religieux estant malade, sorty de l'infirmerie ou quelconque lieu qu'il soit par obédience et congé du supérieur, seront délivrez, par chacun jour, trois buches et un fagot, depuis la fête de Sainte-Croix en septembre jusqu'à Pasque, et depuis Pasque jusqu'à laditte fête de Sainte-Croix, deux buches et un fagot par jour.

Aux enfants de chœur sera livré huit cents de buches, trois cents de billettes et quatre cents de fagots par an.

Auxdits enfants de chœur, vingt quatre livres de chandelle par an.

Sera livré aussy pour la cuisine, une livre de chandelle par chacune semaine, depuis la Sainte-Croix jusqu'à Pasque, et pour le cellérier autant de chandelle qu'il convient.

	#	ſ.
Aux lépreux sera payé et fourny, pour provision qui est portée par la composition faite avec eux à l'administrateur desdits lépreux, pour la recette des dix deniers, dix livres.	10	»
A l'infirmier pour pension, vingt deux livres, cy.	22	»
Au cellérier pour pension, vingt cinq livres.	25	»
Au cellérier pour distribuer aux pauvres auxquels on lave les pieds, le jeudy, vendredy et samedy de la Semaine Sainte.	15	15
A l'autelier, pour le bois pour faire le luminaire.	22	»
Au chapelain de Monseigneur, cent sols, cy.	5	»
Au chambrier, pour certaine composition du fief de Questehou.	10	»
Au réfectorier, pour l'entreténement du linge et vaisselle dudit couvent, et pour les gages des officiers.	132	»
Au cuisinier.	120	»
Au chantre.	32	»
Au sous-chantre.	10	»
A reporter......	403	15

	£	*ſ.*
Report	403	15
Au bailly religieux.	10	»
Au maistre des novices, à leur service et cloistre.	12	»
Au curé de Toussaints.	3	»
Au curé de la Trinité-du-Mont.	3	»
Au jardinier, pour les gages de son office.	61	»
Au chapelain d'Angerville.	3	»
A Mr l'Abbé de Saint-Georges.	15	»
Aux pauvres de l'hospital de Fécamp.	20	»
Au curé de Limpiville [57].	3	»
A Mr. le duc de Longueville.	1	10
Au croniquier, à cause de son office.	10	»
A luy, pour son clerc.	3	»
Plus, pour le bois à faire le pain à chanter.	12	»
Plus, à luy, un poinçon par chacun an, pour mettre les sceaux qui conviennent, pour écurer l'aigle du chœur, et autres choses.	10	»
Pour les messes des Ducs.	78	»
Au croniquier, sur la fondation de laditte chapelle.	1	»
Pour les messes des Ducs qui se disent à cinq heures.	60	»
Pour sonner lesdittes messes.	2	»
Au grand-prieur, pour la messe de semaine que Monseigneur doit.	35	»
Audit grand-prieur, pour l'état et charge de prieur.	100	»
Pour le luminaire des obits du Roy [58].	5	»
Pour la fondation des obits à la... [59] du prieur et pénitencier.	40	»
A l'autelier, pour le luminaire de l'église.	100	»
Au capitaine de la forteresse.	160	»
Pour la vitrairie et l'entreténement des grilles et ustenciles de la maison des enfants de chœur, et pour l'augmentation à eux donnée par Monseigneur.	»	»
Pour les gages de leur maistre.	45	»
Pour les gages de la chambre desdits enfants.	10	»
Au promoteur [60] de cour d'Église.	10	»
A reporter	1,216	5

	#	*s.*
Report	1,216	5
A l'appariteur de laditte cour.	5	»
A l'avocat d'office de laditte cour.	3	»
Au sénéchal, pour les gages.	2	»
Et pour la moderation d'une prébende de religieux.	70	»
A l'avocat de la seigneurie.	20	»
Au procureur fiscal.	80	»
Au portier de la forteresse.	12	»
Au portier, pour le louage de sa maison.	10	»
A luy, pour fournir le chandelier qui luy convient en hyver.	5	»
Pour le concierge du logis abbatial.	10	»
Au geôlier des prisons de laditte abbaye.	10	»
Au secrétaire [61], pour l'entreténement des cordes des cloches pendantes dans le chœur.	25	»
Plus, à luy, pour faire nétoyer l'église.	9	»
Au secrétaire du couvent.	15	»
A l'organiste.	20	»
Au maistre d'école des novices.	15	»
Au clerc de l'église 12 liv. et 15 d'augmentation, à luy cy-devant accordées par Monseigneur.	27	»
Au clerc du cloistre.	10	»
Au clerc de l'autelier, pour allumer le luminaire.	10	»
Au clerc du thrésor.	10	»
A l'horlogeur de la grosse et petite horloge, et pour les entretenir.	60	»
Au barbier du couvent.	16	»
Au premier queux.	15	»
Au second queux.	8	»
Au troisième queux.	4	»
A chacun religieux allant aux ordres [62].	4	»
Au basse-contre.	10	»
A l'aide de basse-contre.	10	»
A celuy qui a la garde et distribution du boire du couvent.	4	»
Au boulanger, pour cuire et boulanger le pain dudit couvent.	160	»
A reporter	1,875	5

		₶	ſ.
Report		1,875	o5
A luy, par augmentation, eu égard à la cherté du bois.		8o	»
Pour blanchissage du linge du couvent, ou autre somme qui suffira.		6o	»
A celuy qui conduit l'eau de la Voûte.		12	»
Pour l'huile des lampes du dortoir.		8	»
Pour l'O de Monseigneur sera fourny autant qu'il est accoutumé, ou la somme de		100	»
Au bailly de Caux ou son lieutenant général.		10	»
Au procureur du Roy de Mont. . . . . [63]		6	18
A l'avocat du Roy audit lieu.		9	»
A chacun des religieux autant en . . . . [64]		5	»
Au juge d'Harfleur, pourvu qu'il soit en estat.		3	»
Au procureur de laditte abbaye à Caudebec.		3	»
Au prédicateur prêchant l'Avent et Carême, 4o liv. et autres 4o liv. d'augmentation.		8o	»
Au supérieur de laditte abbaye.		10	»
Audit supérieur, 4o liv. d'augmentation, et au tiers prieur 35 liv., au quart prieur 25 liv., montant le tout à la somme de 100 liv., employé en fruits attendu . . . de Bellencombre à . . . à eux cydevant accordées par monseigneur le cardinal de Joyeuse [65].		100	»
Au garde chartrier.		26	»
Plus audit garde de chartre.		12	»
Au maistre du gras [66].		»	»
A huit sergents des bois, à raison de vingt livres chacun desdits sergents.		16o	»
Au procureur de Montaullan [67].		6	»
Item, sera payé au curé de Saint-Étienne de Fécamp, pour provision à luy adjugée par la Cour de Parlement, à raison qu'il ne prend aucune dixme, 8o liv. et 5o d'augmentation, à luy cydevant accordées par Monseigneur.		13o	»
Item, sera payé à huit curés dudit lieu, pour leurs pensions cydevant accordées, sçavoir est :			

A reporter 2,696 o3

	₶	ſ.
Report	2,696	03
Au curé de Saint-Leger.	25	»
Au curé de Saint-Nicolas.	25	»
Au curé de Saint-Benoist.	25	»
Au curé de Saint-Vallery.	25	»
Au curé de Saint-Fromond 25 liv. et 125 liv. d'augmentation cydevant à luy accordées, d'autant qu'il n'a aucune dixme.	150	»
Au curé de Saint-Ouen 25 liv. et 125 liv. d'augmentation, d'autant qu'il a quitté la dixme à Monseigneur.	150	»
Au curé de Saint-Thomas 25 liv. et 75 liv. d'augmentation cydevant accordées, d'autant qu'il n'a aucune dixme.	100	»
Au curé de Sainte-Croix, 25 liv. et autres 25 liv. d'augmentation à luy accordées, et depuis 30, pour la même augmentation.	80	»
Au curé de Bordeaux, 20 liv. et 80 d'augmentation qui luy sont accordées.	100	»
Au curé d'Étretat.	25	»
Item, seront payées les dixmes, tant ordinaires qu'extraordinaires, auxdits curés de Saint-Ouen et de Saint-Fromond dudit Fécamp.		
Au curé de Saint-Pierre-Saint-Paul suivant l'arrest de la Cour.	30	»
Au sergent vicomtal[68], cent sous, cy.	5	»
Au plombier, pour l'entreténement tant des plombs qui sont dans des couvertures, des gouttières, auxquels Monseigneur est obligé en laditte abbaye, 40 liv. et 30 liv. d'augmentation.	70	»
Au vitrier, pour entretenir en bonne réparation les vitres tant de l'église que dortoir, réfectoire, logis abbatial et autres bâtiments de Monseigneur, et accoutumez d'entretenir en laditte abbaye, 30 liv. et 125 liv. d'augmentation cydevant accordées, que fournir pour les vitres les verges de fer.	155	»
Au couvreur, tant de thuille qu'ardoise, pour l'entretien et		
A reporter	3,661	03

ſ.

Report 3,661 o3

réparation des couvertures de laditte abbaye , que Monseigneur a coutume d'entretenir, tant pour la thuille et
ardoise , que cloud et latte qu'il sera tenu fournir.   120   »

Aux enfants de chœur sortant de laditte abbaye, par permis-
sion de Monseigneur ou de ses grands vicaires, ayant
fait leur temps comme il est coutume , sera payé à cha-
cun d'eux la somme de cent liv., cy.   100   »

Au capitaine dudit Fécamp, deux milliers de fagots pour
chacun an.

A mondit Seigneur de Longueville , cinq milliers de harangs
sors, à cause de son duché d'Estoutteville. Plus six milliers
et demy d'autres harangs sors qu'ils payent, tant au grand
prieur, prieur de Nostre-Dame, pannetier, cellérier, cuisinier, chapelain du prieur.

Plus, pour les gages du barbier, 85 liv., cy.   85   »

TOTAL 3,966 o3

Sera baillé et delivré portion aux religieux cyaprès dénommez , absents
comme présents : au prieur et sous-prieur de Nostre-Dame, à l'aumônier,
et au receveur qui, de tout temps, en ont ainsy joui.

A l'infirmier et au prieur de l'hospital, auxquels a été cydevant
accordé.

Item, aux religieux qui estant déléguez par le Chapitre, allants de jour
pour les affaires de mondit Seigneur et du couvent ; et même ceux qui
vont de jour pour leurs propres affaires, de leurs offices, par le congé
de leur supérieur.

Item, aux religieux résidants à Paris ou autres universités, par le
congé de Monseigneur ou de Messieurs les vicaires ; ils jouiront de leurs
portions , et il leur sera payé équivallemment à icelles.

Item, sera délégué un desdits religieux pour être présent à voir faire
le vin du clos d'Hardan ; fait le faire apporter au cellérier desdits sieurs,
et tout aux depens des receveurs. Seront aussy toutes autres choses
accoutumées qui pourroient avoir esté obmises au présent estat et cahier,
baillées , fournies , et livrées comme elles ont esté par devant.

Aujourdhuy, pardevant les notaires, gardes-notes du Roy nostre Sire, au Chatelet de Paris, soussignez, très haut et très puissant prince Monseigneur Henry de Bourbon, évesque de Mets, prince du Saint-Empire, marquis de Verneuil, comte de Beaugency, abbé commendataire des abbayes de la Très-Sainte-Trinité de Fécamp, dioceze de Rouen, dépendante immédiatement du saint Siège, Saint-Germain-des-Prez, lez-Paris, Thiron dioceze de Chartres, toutes trois de l'ordre de Saint-Benoist, et autres abbayes, demeurant en son château dudit Saint-Germain-des-Prez d'une part, et les Reverends Pères Doms Benoist Brachet, religieux dudit ordre de Saint-Benoist, et assistant du tres R. C. supérieur général de la congrégation de Saint-Maur, en France, et Laumer Le Grand, prêtre religieux desdits ordre et congrégation de Saint-Maur en France, et procureur de l'abbaye de Saint-Denis en France, résidant de présent en laditte abbaye de Saint-Germain-des-Prez d'autre part ;

Lesquels volontairement ont reconnu et confessé estre demeurez d'accord à l'estat cydessus fait pour parvenir et estre attaché à la minute du concordat qui sera fait ledit jour, pour raison de l'union et établissement des pères de la congrégation de Saint Maur en laditte abbaye de Fécamp. Lequel état ils promettent respectivement entretenir selon sa forme et teneur, promettant, obligeant, renonçant. Fait et passé audit château abbatial dudit Saint-Germain-des-Prez, l'an mil six cent quarante-neuf, le trente et pénultième juillet après midy, et ont signé. Ainsy signé : HENRY Ev. de Mets, ab. de Fécamp, Fr. BENOIST BRACHET, F. LAUMER LE GRAND, avec LANGLOIS et LEMOINE, notaires, avec paraphes.

ENSUIT LA TENEUR DE LA RATIFICATION :

Aujourd'huy est comparu devant les notaires, gardes-notes du Roy nostre Sire, au Chastelet de Paris, soussignez, le très R. P. dom Jean Harel, supérieur général de laditte congrégation de Saint-Maur, ordre de Saint-Benoist, résidant en l'abbaye de Saint-Germain-des-Prez, lez-Paris,

Lequel, après que lecture luy a été présentement faite par l'un desdits notaires, l'autre présent, du concordat fait avec Monseigneur de Mets, par lesdits reverends pères Doms Benoist Brachet et Laumer Le Grand, pour raison de l'union et établissement des pères de laditte congrégation de Saint-Maur en l'abbaye de Fécamp, cy devant écrit, qu'il a dit sçavoir et entendre, a volontairement ledit concordat et tout le contenu en iceluy agréé, ratifié, confirmé et approuvé; veut, consent et accorde qu'il ait lieu et sorte son plein et entier effet, de point en point, selon sa forme et teneur; promettant, obligeant, renonçant. Fait et passé à Paris, en laditte abbaye de Saint-Germain-des-Prez, l'an mil six cents quarante-neuf, le septième août avant midy, et a signé. — Ainsy signé : Fr. Jean HAREL, avec LANGLOIS et LEMOINE, avec paraphes.

Le présent concordat est en minute chez JEANE, subrogé à la pratique de PHILIPPE LEMOINE, à Paris; et à présent chez . . . . . subrogé à la pratique de . . . . .

NOTES.

[1] *Henri de Bourbon:* fils d'Henri IV et de la marquise de Verneuil, né en 1600, marié en 1668 à la duchesse de Sully ; mort sans enfants en 1682. Il était abbé de Fécamp depuis 1641.

[2] *Congrégation de Saint-Maur :* La réforme de Saint-Maur, qui partagea les Bénédictins de France en deux ordres, savoir : les *anciens* ou *non réformés* et les *réformés*, fut établie en 1621 ; la réforme de Saint-Vanne fut établie en Lorraine en 1600.

[3] *Mense conventuelle:* partie du revenu d'une abbaye qui appartenait aux religieux.

[4] *Cotte morte:* héritage des hardes et du mobilier des religieux défunts.

[5] *Exemption :* lieux sur lesquels l'abbaye exerçait des droits et priviléges.

[6] *Official :* juge du contentieux, délégué par l'évêque.

[7] *Pénitencier :* prêtre commis par l'évêque pour absoudre dans les cas réservés.

[8] *Cour d'église :* tribunal ecclésiastique.

[9] *La musique :* Ce fut Estolde I, d'Estouteville, qui siégea de 1390 à 1423, comme abbé de Fécamp, qui substitua, dans l'église de cette abbaye, la musique à l'orgue. Germain, *Guide du Voyageur à Fécamp,* p. 55.

[10] *Heudebouville :* département de l'Eure, canton de Louviers.

[11] *Fontaine-le-Bourg:* département de la Seine-Inférieure, canton de Clères ; cette église portait jadis le titre de *Sancta-Maria-de-Wasto.* T. Duplessis, II, 546.

[12] *Saint-Gervais-lez-Rouen :* la paroisse de Saint-Gervais à Rouen.

[13] *Le Jardin-sur-Dieppe :* baronnie dont le chef-mois était assis sur la paroisse de Saint-Aubin-sur-Scie, canton d'Offranville, arrondissement de Dieppe. Touss. Duplessis, I, 296.

[14] *Argences et Questehou:* Argences, arrondissement de Caen, canton de Troarn ; Questehou ou Quettehou, arrondissement de Valognes.

[15] *Hennequeville:* arrondissement de Pont-l'Evêque.

[16] *Aisyères :* aujourd'hui Aizier, arrondissement du Pont-Audemer ; ancienne baronnie.

[17] *Vignes :* Nul doute qu'il existât autrefois des vignobles renommés en Normandie ; une foule de témoignages en font foi. On ne cite plus guère, aujourd'hui, dans la moyenne et la basse Normandie, que celui d'Ar-

gences près Caen. La haute Normandie contient encore quelques vignobles , et notamment celui de Ménille, près Pacy , arrond. d'Evreux.

18 *Vaulvray* : Saint - Etienne et Saint-Pierre-du-Vaulvray , arrondissement de Louviers.

19 *Ménille:* arrondissement d'Evreux, canton de Pacy ; il y a encore quelques vignobles à Ménille, et le vin de cette localité a encore quelque réputation dans le pays.

20 *Saint-Léonard* : Saint-Léonard-sur-Mer, arrondissement de Fécamp.

21 *Paluel:* canton de Cany, arrondissement d'Yvetot. L'abbaye de Fécamp possédait l'église de Paluel , depuis l'an 1104.

22 *Vittefleur :* Dans le XIIᵉ siècle , Paluel et Vittefleur ne formaient qu'une paroisse.

23 *Collation :* le droit de conférer les cures.

24 *La cure de Friel :* lisez : *Triel* , aux environs de Meulan. L'abbaye de Fécamp présentait, en effet, à la cure de cette paroisse , suivant T. Duplessis , II , 799.

25 *Au capitaine de la forteresse :* L'abbaye de Fécamp était défendue par un château fort dont le commandement était confié à un capitaine entretenu aux frais de l'abbaye.

26 *L'Abbé de Saint-Georges :* c'est-à-dire de Saint-Georges-de-Boscherville, auprès de Rouen.

27 *Haugerville :* Il faut très probablement lire Angerville, puisqu'on retrouve plus loin (p. 24) : *au chapelain d'Angerville :* mais est-ce Angerville-Bailleul, Angerville - Martel,

ou Angerville-l'Orcher ? C'est ce que nous laissons à décider.

28 *Toussaints :* aux environs de Montivilliers; en 1085, un seigneur nommé Gulbert d'Alfait, donna cette église à l'abbaye de Fécamp. T. Duplessis , I, 710.

29 *Trinité-du-Mont :* aux environs de Caudebec ; l'abbaye de Fécamp présentait à la cure. T. Duplessis , I, 716.

30 *Epreville :* Epreville-en-Caux, ou sur Fécamp, canton de Fécamp ; l'abbaye de Fécamp présentait à la cure. T. Duplessis, I, 445.

32 *Saint-Etienne de Fécamp* , etc. : Il n'y a ici que huit paroisses de mentionnées. Touss. Duplessis en mentionne dix ; celles qu'omet le présent concordat étaient sous le vocable de Saint-Léonard et de Saint-Valery. *Voyez* T. Duplessis , I, 102.

32 *Bordeaux :* Bordeaux-en-Caux , arrondissement du Havre, canton de Criquetot ; sur le droit de présentation à cette cure, *voyez* T. Duplessis , I, 354.

33 *Etretat :* arrondissement du Havre; selon les Pouillés, l'abbaye de Fécamp présentait à cette cure. T. Duplessis , I , 453.

34 *Saint-Pierre-du-Port :* ou Saint-Pierre-en-Port, non loin de Valmont ; l'abbaye de Fécamp présentait à cette cure.

35 *Frère-Lay :* frère laïque, moine servant.

36 *Curé de la Madeleine :* On ne trouve point, dans T. Duplessis , de renseignemens sur la cure de la Madeleine ; mais on trouve, dans les

Pouillés du diocèse de Rouen , parmi les bénéfices situés dans le bourg de Fécamp et faisant partie de son exemption, l'église de Sainte-Marie-Madeleine , consacrée aux lépreux.

³⁷ *Prieur de Notre-Dame* : T. Duplessis , I , 463 , indique , parmi les prieurés de Fécamp, celui de N.-D. du Bourg-Baudouin , et le Pouillé du diocèse de Rouen , celui de N.-D. de Valdumibourg.

³⁸ *Pain de la Mitte :* Il est assez difficile de déterminer ce qu'on doit entendre , à proprement parler , par cette expression : *Pain de la Mitte.* On voit, dans Ducange, *v° Mitta*, que ce mot signifiait une mesure de froment ou de sel ; et *v° Mita*, que cette dernière expression signifiait aliment , nourriture , et tout ce qui avait rapport à l'alimentation.

³⁹ *La Baluze ;* probablement ainsi appelée , du nom de son donateur.

⁴⁰ *La Voûte :* c'est un mince filet d'eau qui sort de la petite rivière de Ganzeville, et qui traversait l'abbaye ; on suppose que ce n'était qu'une dérivation établie dans l'intérêt des religieux et des habitans de Fécamp ; son volume, augmenté depuis , n'était évalué , en 1816, qu'à un pied cube.

⁴¹ *Mine de bled :* la mine faisait la moitié du setier de Paris , et valait six boisseaux. Or, il y avait , pour Fécamp, un boisseau particulier ; on trouve que les six boisseaux, mesure de Fécamp, équivaudraient aujourd'hui à 2 hectolitres 407.

⁴² *Jeudi absolu :* Jeudi saint, que l'on appelait Jeudi absolu, à cause de l'absoute ou absolution publique que l'on donnait ce jour-là.

⁴³ *Seminaux :* espèce de petits gâteaux faits de fleur de farine ; c'est ce que nous appelons aujourd'hui des *chemineaux.*

⁴⁴ *A la tanse du prieur :* c'est-à-dire à la surveillance , à la réprimande.

⁴⁵ *Le vin :* Le vin formait, de temps immémorial , la boisson des religieux de Fécamp ; car on lit, dans l'histoire de l'abbaye , que l'abbé Richard ou Aychard I, qui régna de 1220 à 1223 , fit augmenter d'un tiers la portion de vin des religieux. Germain, *Guide du Voyageur ,* 50.

⁴⁶ *Mesure de Fécamp :* Nous ignorons si Fécamp avait pour les liquides , comme tant d'autres localités , une mesure particulière. Au reste, il est certain que le pot d'Arques était la base de toutes les mesures de capacité usitées anciennement dans le pays de Caux ; or, le pot d'Arques équivalait, en litres , à 1¹ 824.

⁴⁷ *La Translation de saint Taurin :* La fête de la translation de saint Taurin se célébrait le 11 août.

⁴⁸ *Les Ducs :* Nous apprenons , par cette énumération, que l'on célébrait annuellement, dans l'abbaye de Fécamp , trois fêtes en l'honneur des ducs , et il faut probablement entendre , par cette expression , les ducs de Normandie qui avaient été les bienfaiteurs de l'abbaye , et dont les cendres reposaient dans son enceinte ; or, outre une foule de personnages de la famille ducale , deux ducs de Normandie étaient inhumés à Fécamp, c'étaient Richard I, dit Sans Peur : et Richard II, dit le Père des Moines. Ces trois obits commémoratifs avaient lieu, le premier en mars, le second en août, et le troisième en novembre.

⁴⁹ *Corporaux :* linges sacrés qu'on étend sur l'autel, en disant la messe, pour mettre immédiatement dessus le calice et le corps de N.-S. Les corporaux, qui doivent être de toile de lin, ne peuvent être touchés que par des ecclésiastiques ; c'est ce qui explique pourquoi il y avait un officier chargé de les laver.

⁵⁰ *L'O de monseigneur :* On appelait, à proprement parler, *les O*, ou encore *les O de l'Avent* ou *de Noël*, sept antiennes dont chacune commence par *O*, et qui se chantent pendant l'Avent, aux approches de Noël. Il paraît qu'à l'occasion de l'époque où elles se chantaient, on faisait des distributions extraordinaires de vin, de pâtisseries, de dragées et d'épices, auxquelles on donnait le nom d'*O*. Aussi, rien de plus commun, dans les anciens comptes de couvens, que ces articles : « Pour « l'*O* de l'abbé, du prieur, du se-« grétain, etc. »

⁵¹ *Recueitte* pour *recueillette :* distribution, réception.

⁵² *La Cène des lépreux :* Il y avait anciennement à Fécamp une léproserie qui portait le nom de Saint-Martin ; elle fut réunie à l'hôpital du Havre, par lettres patentes de 1609 ; cette léproserie avait droit aux restes de la table des religieux, évalués à 355 livres par an.

⁵³ *Au pied lavé :* c'est-à-dire à l'occasion du lavement des pieds des pauvres. On lit, dans le concordat conclu en 1649 entre les religieux réformés et les anciens religieux de l'abbaye de Fécamp : « Le jour du « jeudy saint, le père aumônier de « l'abbaye sera tenu, suivant qu'il

« est accoutumé, de faire l'élection « de treize pauvres, et le sieur cham-« brier de faire provision des choses « nécessaires pour, par le sieur grand « prieur et les douze officiers, leur la-« ver et essuyer les pieds ; auxquels « pauvres seront aumônés bière et « argent suivant qu'il est usité. »

⁵⁴ *Un solain de bœuf :* Roquefort nous apprend que le solain était la portion que l'on distribuait à chaque religieux ; mais sans nous informer du poids de cette portion ni de l'origine de cette expression. On trouve dans Ducange que *solinum* signifiait, dans quelques cas, une certaine mesure de terre.

⁵⁵ *Montre au couvent :* Il faut probablement entendre par cette expression : *quand il y a montre au couvent,* les jours de grande fête, où il y avait exposition de reliques, et peut-être encore pendant lesquels les étrangers étaient admis à visiter l'intérieur du couvent.

⁵⁶ *A la...* Il manque ici un mot dans le manuscrit.

⁵⁷ *Limpiville :* arrondissement d'Yvetot, canton de Valmont. Le monastère de Fécamp était seigneur et baron de Limpiville, et conférait de plein droit à la cure qui faisait partie de son exemption. T. Duplessis, I, 555.

⁵⁸ *Obits du roy :* Il faut entendre, sans doute, par ces obits du roi, les anniversaires célébrés en mémoire du roi dernier décédé.

⁵⁹ *A la..... :* Il manque ici un mot dans le manuscrit ; il faut sans doute lire : *A la mort du prieur et du pénitencier.*

[60] *Promoteur de cour d'église :* C'était l'officier qui requérait pour l'intérêt public dans les cours ecclésiastiques, comme le procureur du roi dans les cours laïques.

[61] *Secrétaire*, pour *secretain :* sacristain.

[62] *Allant aux ordres :* probablement pour : entrant dans les ordres.

[63] *De Mont........ :* Ce mot est imparfait dans le manuscrit; peut-être faut-il lire : de *Montivilliers*, ou de *Mantaullan*, comme plus bas.

[64] *Autant en......* Il manque encore ici quelques mots dans le manuscrit.

[65] *Le cardinal de Joyeuse :* François I, cardinal de Joyeuse, fut abbé de Fécamp de 1603 à 1620; il mourut à Avignon, d'où il fut transféré, d'abord à Pontoise, et ensuite à Rouen; il fut le fondateur du séminaire dit de Joyeuse, à Rouen.

[66] *Maître du gras :* C'était, sans doute, un religieux préposé au service du gras dans le monastère, et qui déterminait les jours d'abstinence, toujours fréquens dans les communautés monastiques.

[67] *Montaullan :* Nous n'avons rencontré de localité appelée Montaullan, ni en Normandie, ni ailleurs; peut-être faut-il lire Monthelon, à trois lieues d'Evreux. Nous ne croyons pas, toutefois, qu'il s'agisse ici de ce dernier endroit.

[68] *Sergent vicomtal :* C'est-à-dire, sergent de la vicomté. Les vicomtés étaient, comme on le sait, des moyennes justices.

VII

TROUBLES EXCITÉS
PAR LES CALVINISTES
A ROUEN